A LA MÉMOIRE

DE

FRÉDÉRIC STEINER

CAPITAINE AU 15ᵉ CHASSEURS

Né le 2 septembre 1847. — Décédé le 15 mai 1875.

PARIS

IMPRIMERIE CENTRALE DES CHEMINS DE FER

A. CHAIX ET Cᴵᴱ

Rue Bergère, 20, près du boulevard Montmartre.

1875

A LA MÉMOIRE

DE

FRÉDÉRIC STEINER

CAPITAINE AU 15ᵉ CHASSEURS

Né le 2 septembre 1847. — Décédé le 15 mai 1875.

PARIS

IMPRIMERIE CENTRALE DES CHEMINS DE FER

A. CHAIX ET Cⁱᵉ

Rue Bergère, 20, près du boulevard Montmartre.

1875

SOUVENIR

A la France, sa patrie

A l'Alsace, sa terre natale

Au 15ᵉ Régiment de chasseurs à cheval

A sa famille & à ses amis.

Ordre de M. le colonel du 15ᵉ chasseurs,
porté à la décision du 15 mai 1875.

C'est avec une douloureuse émotion que le régiment apprendra la perte qu'il vient de faire en la personne de M. le capitaine-instructeur Steiner, décédé la nuit dernière, dans sa 28ᵉ année.

Le plus brillant avenir militaire semblait réservé à cet officier distingué dont les aimables et sérieuses qualités avaient su conquérir les sympathies et l'estime de tous ceux qui ont pu le connaître et l'apprécier. Chefs, camarades, subordonnés garderont le souvenir de M. le capitaine Steiner, si prématurément enlevé à sa famille et au 15ᵉ régiment de chasseurs, auquel il laisse de vifs et unanimes regrets.

Belfort, le 15 mai 1875.

Le colonel : L. LOIZILLON.

*Lettre de Monseigneur le duc d'Aumale
au colonel du 15ᵉ chasseurs, à Belfort.*

7ᵉ CORPS D'ARMÉE

LE GÉNÉRAL COMMANDANT

Besançon, le 16 mai 1875.

Mon cher Colonel,

J'ai appris avec le plus vif regret la nouvelle perte que vient de faire le 15ᵉ régiment de chasseurs. M. le capitaine Steiner était un officier des plus distingués, appelé par son intelligence et ses aptitudes spéciales à rendre de réels services à son pays et à l'armée.

Je m'associe sincèrement aux regrets que sa mort prématurée doit inspirer à tous ses camarades et je vous prie d'être l'interprète de mes sentiments auprès de la famille de M. le capitaine Steiner.

Je charge un de mes officiers d'ordonnance, M. de Chazelle, qui vous remettra cette lettre, de me représenter au service de M. Steiner.

Recevez, mon cher Colonel, l'assurance de mes sentiments affectueux.

Le général commandant le 7ᵐᵉ corps,

H. D'ORLÉANS.

Discours prononcé par M. le colonel Loizillon
à la gare de Belfort.

———

Lundi, 17 mai 1875.

Messieurs,

Au moment d'adresser un dernier adieu au digne et brillant officier que le 15ᵉ régiment de chasseurs vient d'avoir la douleur de perdre, qu'il me soit permis de retracer en quelques mots une vie militaire trop courte, hélas! mais déjà bien remplie, et dont le passé répondait de l'avenir.

M. le capitaine Steiner était un de nos chers frères de la chère Alsace.

Né en 1847, dans le Haut-Rhin, à Ribeauvillé, il entrait à dix-huit ans à l'École militaire.

Deux ans après, il en sortait dans un bon rang, avec le grade de sous-lieutenant au 3ᵉ régiment de dragons.

Pendant notre dernière malheureuse guerre, M. Steiner faisait campagne à l'intérieur avec un régiment de marche d'abord, puis au 16ᵉ régiment de dragons, où il était nommé lieutenant, le 8 décembre 1870.

Détaché deux fois à l'École de cavalerie, avant et après la campagne, il en sortait chaque fois avec un excellent numéro.

Bientôt après, à vingt-six ans seulement, il recevait, avec le grade de capitaine instructeur au 15ᵉ régiment de chasseurs, la juste récompense de son travail et de ses précieuses qualités.

✳

Un brillant avenir lui semblait acquis désormais, lorsque la mort est venue le frapper, plein de jeunesse, laissant de cruels regrets à tous ceux qui l'ont connu.

L'affection dévouée de ses camarades, les tendres soins d'une mère, impuissants à le sauver, n'ont du moins pas manqué à ses derniers moments.

Adieu, capitaine Steiner, que la terre natale où tu vas reposer te soit légère !

Adieu encore, ta grande famille militaire ne saurait t'oublier.

*Discours d'adieux, prononcé par le capitaine
Poulot à la gare de Belfort.*

Lundi, 17 mai 1875.

Messieurs,

L'amitié m'impose le pénible devoir de rappeler ici
les vertus de celui qui a su inspirer à tous ce précieux
sentiment. Chacun de nous a pu apprécier son mérite
et ses qualités militaires; et, pendant sa carrière,
malheureusement trop courte, il s'est toujours montré
digne de l'estime que ses chefs lui ont témoignée.

N'est-ce pas à son intelligence, à son dévouement et
à son courage qu'il a dû d'avoir été choisi par un de
nos plus hardis généraux, pour être attaché à sa
personne, aux moments les plus difficiles du siége de
Paris !

Le plus brillant avenir semblait être réservé à ce
jeune capitaine de vingt-huit ans, lorsqu'une cruelle
maladie est venue le frapper à la fleur de l'âge.

Mais ce que la vie plus intime nous a révélé, à nous
ses camarades, c'est cette générosité du cœur, cette
noblesse de sentiments, qui sont l'apanage des natures
d'élite. Nous savons quelles tendres affections il pro-
diguait à sa famille, et nous savons aussi combien ses

affections s'étendaient sur son autre famille, la famille militaire.

La tombe peut se fermer sur toi, mon cher camarade, ton souvenir nous restera pour éveiller en nous les sentiments qui se nomment : *Espérance, courage* et *religion.*

Adieu! Steiner, adieu, mon cher camarade.

Réponse de M. Paul Weisgerber, manufacturier à Colmar, au Discours du capitaine Poulot.

Gare de Belfort, 17 mai 1875.

Au nom de la famille Steiner si cruellement éprouvée, au nom de notre malheureuse famille d'Alsace-Lorraine, merci au 15e chasseurs à cheval, merci à vous tous, représentants de la grande famille militaire française !

La mort de Fritz Steiner laisse parmi nous un vide impossible à combler ; mais son souvenir nous servira toujours de trait d'union.

Nous emportons son corps : vous reviendrez parmi nous, et vous le retrouverez avant peu !

Paroles prononcées par M. Lebleu,
administrateur du territoire de Belfort.

Gare de Belfort, 17 mai 1875.

N.-B. Le frère du défunt ayant demandé à M. Lebleu la repro-
duction de son discours, M. l'administrateur a répondu à sa
demande par une lettre fort aimable, dont nous nous permet-
tons de reproduire la partie relative à notre cher défunt.

« Monsieur,

» Il me serait impossible de vous répéter les quelques
paroles d'adieu que j'ai adressées à votre digne et
regretté frère ; je me suis laissé aller à l'émotion qui
nous envahissait tous.

» En rendant témoignage de la sympathie profonde
que M. le capitaine Steiner avait su inspirer, de la
douleur causée par cette mort si prompte, si prématurée ;
du deuil général et unanime répandu dans notre
population par les coups répétés dont la Providence a
frappé le beau régiment auquel il appartenait : je n'ai
fait que dire ce que chacun de nous pensait :

» La France perd dans le capitaine Steiner un
vaillant soldat, un enfant doublement précieux !

. . . .

. . . .

. . . .

» Veuillez agréer, Monsieur, l'assurance de toute ma
considération.

» C. LEBLEU. »

Belfort, 28 mai 1875.

Discours prononcé sur la tombe,
par M. Alexandre Jœranson, propriétaire
à Ribeauvillé.

Cimetière de Ribeauvillé, 18 mai 1875.

Messieurs,

Nous avons voulu garder au milieu de nous et confier au sol de sa ville natale la dépouille mortelle de notre ami Frédéric-Louis Steiner, capitaine-instructeur au 15ᵉ régiment de chasseurs à cheval, à Belfort, enlevé à l'affection de sa famille par une terrible maladie, contre laquelle tous les efforts de la science, secondés par les soins assidus d'une tendre mère et d'un frère dévoué, ont été impuissants.

Il a voulu être réuni à son digne père, dont ici-même une vieille amitié m'avait autorisé à vous retracer naguère la brillante carrière industrielle et publique.

Un bel avenir s'ouvrait devant le jeune officier que la mort vient de nous enlever si prématurément.

Entré à l'école de Saint-Cyr en 1865, à l'âge de dix-huit ans, il en sortait deux ans après avec le grade de sous-lieutenant au 3ᵉ régiment de dragons.

Envoyé, à deux reprises, à l'école de Saumur, il en est sorti chaque fois dans les premiers rangs. Pendant la guerre, il a été attaché, en qualité d'officier d'ordonnance, à la personne des généraux Renault et Ducrot.

Classé en dernier lieu au 15ᵉ régiment de chasseurs comme officier instructeur, il venait d'obtenir la juste récompense de ses travaux par sa nomination de capitaine-instructeur.

Et maintenant!!! de tout cet avenir si plein d'espérances, de ces rêves que sa famille, que ses amis, que nous tous, qui l'aimions, nous nous plaisions à caresser, que reste-t-il?

La mort inexorable a tout changé en un deuil.

Devant une douleur qui déchire les cœurs auxquels les nôtres sont si intimement unis, nous ne pouvons que nous incliner et nous soumettre aux décrets mystérieux de la Providence.

Et vous, pauvre mère! si accablée par la plus cruelle des épreuves, privée des plus douces joies de votre vie, permettez-nous, en unissant nos regrets à votre douleur, de vous offrir l'expression de nos respectueuses et vives sympathies.

Puissent les témoignages de haute estime de ses chefs, d'affection de tous ses frères d'armes en se séparant pour toujours de celui qui fut le fils le plus tendre, le frère, l'ami le plus dévoué, puissent ces témoignages être un adoucissement à l'amertume de votre cœur.

Messieurs, que n'avez-vous été, comme nous, témoins de l'explosion unanime des regrets qu'emporte avec lui notre jeune compatriote, l'honneur de notre cité!

Vous eussiez été heureux de l'hommage éclatant et public rendu à cet esprit distingué, à cette nature si attachante.

Il vous eût été doux de trouver là l'écho de vos propres sentiments, comme nous avons été émus et consolés dans les nôtres.

Adieu, cher Fritz, tu n'as fait que passer sur cette terre, mais ton souvenir restera parmi ceux qui t'aimaient et qui te pleurent.

IMPRIMERIE CENTRALE DES CHEMINS DE FER. — A. CHAIX ET Cie,
RUE BERGÈRE, 20, A PARIS. — 7448-5.